Die Kreuzotter im Freiland Terrarium

Kurt Orth

ISBN:
ISBN-13: 978-1976568466
ISBN-10: 1976568463

DIE KREUZOTTER IM FREILANDTERRARIUM

Im Andenken an den großartigen Kreuzotterfreund und Forscher Hans Schiemenz

und den großen Herpetologen und Pionier der Terraristik Ludwig Trutnau

Inhaltsverzeichnis

vi

Einleitung

Schon in meinem Buch über mein Leben mit der Kreuzotter bin ich kurz auf die Haltung im Freiland- terrarium eingegangen. Da diese Form der Haltung für die Kreuzotter am natürlichsten und auch am Erfolgversprechendsten ist, will ich das Thema etwas ausführlicher behandeln.

Selbstverständlich können nach diesen Methoden auch eine ganze Anzahl anderer Reptilien gepflegt werden.

Die Kreuzotter besiedelt unter den Europäischen Vipern die kühlsten und feuchtesten Biotope. Daher ist sie im Freiland- terrarium am besten aufgehoben. Zwar habe ich diese Schlange auch im Zimmerterrarium über viele Jahrzehnte gehalten und auch gezüchtet, das lässt sich jedoch nicht verallgemeinern. Einen Grund für meinen Erfolg oder die Misserfolge bei vielen anderen Haltern kann ich leider nicht nennen. Ist es so etwas wie der grüne Daumen oder eine ungewöhnliche Zuneigung, ich weiß es nicht. Im Freilandterrarium bereitet die Pflege der Kreuzotter keine großen Schwierigkeiten.

Was besonders zu beachten ist, behandele ich in diesem Buch.

Ist die Pflege einer in Deutschland stark bedrohten Schlange überhaupt zu verantworten? Ich denke, ja.

Die Zerstörung des Lebensraumes, der ungebremste Landschaftsverbrauch, die direkt Verfolgung durch den Menschen und die massive Zunahme der Wildschweine, Dachse, Störche und Reiher werden den Kreuzottern in Deutschland unausweichlich das Ende bereiten. Hier tragen eine Reihe sogenannter Tierschutzorganisationen eine gewaltige Mitschuld.

In Deutschland gibt es keine unberührte Natur mehr. Die Bestände, besonders der sich von anderen Tieren ernährenden Arten, müssen gesteuert werden, sonst bleiben die Opfer dieser Arten auf der Strecke. Die Natur kann hierbei schon lange gar nichts mehr regeln. Dafür ist sie schon viel zu lange vergewaltigt worden. Ohne diese Steuerung werden nur die angepassten Arten überleben, die sensiblen bleiben auf der Strecke.

Der Biotopschutz alleine ist keineswegs die Lösung.

Selbst in noch scheinbar optimalen Lebensräumen gehen die Bestände unaufhaltsam zurück. Die Folge ist eine immer stärkere Artenarmut in der Natur.

Die Entnahmen von Kreuzottern und anderen Reptilien aus der Natur müssen selbstverständlich der Vergangenheit angehören.

Mittlerweile werden ausreichend Kreuzottern gezüchtet, nur diese dürfen gepflegt werden.

Nur wenn möglichst viele Menschen die Kreuzotter im Terrarium erleben können, wird das Verständnis für diese verfolgten Tiere wachsen. Leider wird das durch die unsinnigen Gefahrtier - Verordnungen der Länder untergraben. Ein einheimisches Tier zum Gefahrtier zu erklären, ist alleine schon widersinnig genug. Diese ganze Gesetzgebung ist reiner Populismus und mit einer realen Gefährdung nicht zu rechtfertigen. Da müsste die Haltung von Hunden schon lange verboten sein. Selbst Rinder und Pferde verursachen in Europa ein Vielfaches an Unfällen wie Reptilien.

Die gesetzliche Lage ist leider sehr verworren und grundsätzlich gegen jede Haltung von Reptilien ausgelegt. Hier haben dubiose Vereinigungen ihre abstrusen Gedanken durchgesetzt. Leider sind wir auch an die absurdesten Vorschriften gebunden.

Hier muss sich jeder potentielle Halter genau informieren. Mit Wehmut denke ich an meine Anfänge in der Terrarienhaltung zurück. Hier zählte alleine die Vernunft des Halters. Für Unbeteiligte stellen selbst gefährliche Schlangen nie eine Gefahr dar. Es ist kein einziger Fall belegt, wo ein Unbeteiligter durch eine gehaltene Giftschlange verletzt wurde.

Mittlerweile wurde aus allgemeiner Abneigung und aus rein theoretischer Gefahr ein Vorwand für Gesetze. Um das durchzusetzen, wurden regelmäßig Vorfälle frei erfunden, um verworrene Ideen durchzusetzen. Es wirft ein schlechtes Licht auf den Gesetzgeber, solchen Machenschaften nachzugeben.

Erhaltungszucht

Ob allerdings das Argument der Erhaltungszucht stichhaltig ist, steht auf einem anderen Blatt. Wenn ein Bestand erloschen ist, hat das seine Ursachen. Ohne die Beseitigung der Ursachen des Verlöschens in solche leeren Biotope wieder Kreuzottern zu verbringen, ist sinnlos.

In Einzelfällen könnte die Erhaltungszucht jedoch

sinnvoll sein. Mir sind einige Lebensräume bekannt, wo die Kreuzottern durch kurzfristige Einwirkungen stark dezimiert wurden. Wenn sich hier die Situation verbessert hat, ist eine Bestandsstützung durch nachgezogene Kreuzottern durchaus sinnvoll. Diese müssen jedoch aus dem gleichen genetischen Pool stammen. Voraussetzung ist allerdings, dass die potentiellen Beutetiere der jungen Kreuzottern in ausreichender Anzahl vorhanden sind.

Keinesfalls dürfen die Unterarten der Kreuzotter zusammen gepflegt werden. Durch eine Vermischung der Unterarten würden die Nachkommen für eine eventuelle Bestandsstützung wertlos.

Schwarze Kreuzotter

Links neben meiner Frau ein kleines Freilandterrarium

Darauf folgte ein großes Freilandterrarium

Kreuzottern Baby

Vipera kaznakovi

Vipera seoanei

Nachwuchs Vierstreifennatter

Die Unterarten

Bevor ich auf mögliche Unterarten der Kreuzotter eingehe, halte ich einen kleinen Exkurs zur Entstehung von Arten für wichtig. Charles Darwin (*12.Februar 1809 in Shrewsbury; gestorben 19. April 1882 in Downe) gilt allgemein als der "Erfinder" der Evolutionstheorie. Dabei war er nur einer von jenen Wissenschaftlern, welche vor etwa hundertfünfzig Jahren Erklärungen für die Entstehung von Arten suchten. Hierbei war die Untersuchung von abgelegenen Inseln und deren Tierarten von besonderer Wichtigkeit.

Besonders hier konnten sich Arten ohne Druck von herrschenden Arten entwickeln. Darwin hat angeblich hierfür besonders die Finken auf Galapagos eingehend studiert (oder waren es die Spottdrosseln?). Als scharfsichtiger Wissenschaftler soll er erkannt haben, dass sich hier eine eingewanderte Vogelart erstaunlich angepasst hatte.

Ohne Konkurrenz durch andere Arten hatten diese Vögel alle ökologischen Nischen besetzt. Was auf dem Festland durch viele verschiedene spezialisierte Vogelarten repräsentiert wird, hatte hier eine einzige Art durch Anpassung und Neubildung anderer Arten an verschiedene Möglichkeiten zum Überleben gebildet. Auch hier gab es einen ökologischen Druck. Nicht durch andere Arten aber durch die einzelnen Individuen innerhalb einer Art. Dieser innerartliche Druck hat zum weiteren Aufspalten der Art geführt.

Alfred Russel Wallace (geboren 08. Januar 1823 in Usk; gestorben 07. November 1913 in Broadstone) war einer jener anderen Forscher, die neben Darwin die Entstehung der Arten zu entschlüsseln suchten. Wie Darwin hat auch Wallace auf Fernreisen die Bedeutung von "Verinselung" für die Entstehung neuer Arten erkannt.

Das Leben auf der Erde ist in keinem fest gefügten Zustand. Es ändert sich permanent durch Anpassung an Feinddruck, Futterkonkurrenz, Nahrungsangebot, Temperaturveränderungen und viele andere Faktoren.

Ändern sich die Lebensbedingungen für eine Art, muss sie sich anpassen oder sie verschwindet und macht anderen Arten Platz. Im Laufe der Erdgeschichte gab es immer wieder große Artensterben, welchen die Entwicklung neuer Arten folgte. Zum Beispiel wurden viele Dinosaurier- arten durch eine sich veränderte Umwelt und eine Umweltkatastrophe hinweg gerafft. Die Säugetiere, welche bis dahin ein verborgenes Schattendasein führten, konnten sich nun ungehindert entwickeln und wurden eine bedeutende Lebensform.

Solche Entwicklungen sind auf Inseln am auffälligsten, aber keineswegs darauf beschränkt.

Den Begriff "Insel" darf man für die Entstehung von Arten oder Unterarten nicht zu wörtlich nehmen. Eine Insel in diesem Sinn kann auch durch ein Gebirge, eine Wüste, ein Fluss oder einfach durch eine Straße gebildet werden. Ist eine Gruppe einer Art lange genug isoliert von den Artgenossen, passt sich diese besonders an seinen isolierten Lebensraum an.

Aber es ist nicht nur die Anpassung an den Lebensraum, der neue Arten hervorbringt. Die unterschiedlichen Allele (Varianten eines Gens die durch Mutation entstanden sind, sie können zu Unterschieden in einer Art oder im Endeffekt zu neuen Arten führen) sind in einer Tierpopulation nicht gleichmäßig verbreitet. Dieser Umstand spielt bei einer großen Population keine große Rolle, da durch Paarung die seltenen Allele weitergegeben werden. Bei kleinen Populationen ist die Wahrscheinlichkeit groß, dass die seltenen Allele sich leicht durchsetzen. Hierdurch entwickelt sich die isolierte Art immer weiter von der Stammform weg. Und irgendwann entwickelt sich durch diese Reduzierung der Allele und durch Anpassung eine vollkommen neue Art. Am Anfang unterscheidet sie sich nur durch Aussehen und Verhalten von der Ursprungsart.

Irgendwann sind die Unterschiede so groß, dass selbst keine erfolgreiche Paarung mit der Ursprungsart mehr möglich ist.

Zumindest in der zweiten Generation sind diese "Zwitter" meist nicht mehr fortpflanzungsfähig.

Irgendwann entsteht durch die Verinselung dann tatsächlich eine neue Unterart oder Art. Ob das bei den beschriebenen Arten schon der Fall ist, bleibt abzuklären. Ich vermute, dass die Entstehung von Unterarten oder auch neuen Arten bei dieser Schlangenart noch ganz am Anfang steht und erst nach einigen Jahrtausenden abgeschlossen sein wird. Ob die betreffenden Arten dann noch existieren, ist zumindest bei vielen fraglich.

Bei einer Art, deren Besiedlungsgebiet so groß ist wie bei der Kreuzotter, bilden sich zwangsläufig irgendwann Unterarten und auch neue Arten. Inwieweit das für diese Art jetzt schon zutrifft, ist strittig.

Zurzeit werden an Unterarten aufgeführt:

Balkankreuzotter:

Vipera berus bosniensis (BOETTGER 1889) wird als Balkan-Kreuzotter bezeichnet und lebt von Slowenien, Kroatien, Bosnien-Herzegowina, Montenegro bis Bulgarien. Bei dieser Unterart ist das Zickzackband zu Querstreifen aufgelöst, die allerdings bei manchen Tieren zum Zickzackband zusammenlaufen. Da in den Bereichen, wo beide Arten zusammentreffen, auch Tiere mit normalem Zickzackband auftreten, spricht man von Übergangsformen (Intergradationsformen).

Sachalinkreuzotter:

Viper berus sachalinensis (ZAREWSKIJ *1917)* kommt von der Insel Sachalin bis Südsibirien, Nordkorea und China vor.

Diese Unterart ist ähnlich gezeichnet wie die Balkankreuzotter.

Aufgrund der geringen Unterschiede zur Nominatform ist die Sachalinkreuzotter ziemlich umstritten, eventuell ist sie durch ihre große räumliche Trennung zur Nominatform erst auf dem Weg zu einer Unterart und gehört bis jetzt noch zu *Vipera b. Berus.*

Anmerkung: Aktuellste Untersuchungen weisen auf weitere Unterarten innerhalb des heutigen *berus berus* Gebietes hin ... siehe GOLAY et al.

Früher wurden noch weitere Unterarten genannt, welche heute als der Kreuzotter nahe verwandte eigene Arten gelten:

Iberische Kreuzotter oder *Seoane-Viper*

Vipera seoanei (LATASTE 1879)

Diese polymorphe (das Auftreten einer Genvariante in einer Population) Viper bewohnt den Norden Spaniens, Teile Portugals und den Südwesten Frankreichs. Sie ist bedeutend zierlicher als unsere Kreuzotter, teilt mit ihr jedoch die gedrungene Körperform. Manche Exemplare erinnern mit ihrer Zeichnung stark an die Kreuzotter, andere eher an die Aspisviper. Am außergewöhnlichsten sind längsgestreifte Exemplare, sie kommen hauptsächlich in Asturien vor. Bei ihnen besteht die Zeichnung aus zwei Bändern, die auf beiden Seiten des Rückens verlaufen. Das Gift scheint noch weniger potent zu sein wie bei unserer Kreuzotter, trotzdem wird sie von der Bevölkerung vielerorts noch immer verfolgt und getötet.

Vom Verhalten und den bevorzugten Lebensräumen ist die Iberische Kreuzotter, vor allem die Nominatform, der Kreuzotter sehr ähnlich.

Nach eigenen Beobachtungen ist sie etwas wärmebedürftiger als die Kreuzotter und bleibt bei Temperaturen unter zwanzig Grad im Versteck. Auch stellt sie früher im Jahr die Nahrungsaufnahme ein. *Auch neuerliche warme Tage bringen sie im Herbst nicht mehr so schnell an die Oberfläche.* Lediglich einzelne Tiere konnte ich noch beim Sonnen beobachten. Das steht in starken Gegensatz zu unserer Kreuzotter. Bei späten Schönwetterperioden sind diese schnell wieder in der Sonne.

Im Gegensatz zur Kreuzotter kommen Herbstpaarungen öfter vor. *Im natürlichen Lebensraum, vom Atlantik beeinflussten Wetter, sieht dies ganz anders aus, hier können im Herbst und sogar im Winter an schönen Tagen Tiere vor Ihren Verstecken angetroffen werden.*

Im Gegensatz zur Kreuzotter paart sich diese Art im Frühjahr schon vor der Häutung der Männchen. Im Frühjahr ist die Iberische Kreuzotter allerdings genau so hart wie unsere. Selbst bei einer Temperatur deutlich unter zehn Grad suchen sie die Sonne und beginnen mit Kommentkämpfen. Das passt zu ihrem kühlen und regenreichen Lebensraum. Es erstaunt immer wieder, unter welchen Bedingungen

Kreuzottern überleben können, wenn wir sie nur lassen.

Die Nachzuchttiere gehen wesentlich leichter wie die der Kreuzotter an Babymäuse. In ihrer Gier schnappen sie nach allem und sind dadurch mit großer Vorsicht zu handhaben.

Kaukasus Otter

Vipera kaznakovi (NIKOLSKY 1909)

Diese außergewöhnlich gefärbte Viper kommt in der Region des Kaukasus vor. Dabei ist sie an Gebiete mit sehr hoher Luftfeuchtigkeit gebunden. Sehr viele der nach gezüchtete Jungtiere sind nach einer mehr oder weniger kurzen Zeit verstorben, da die Luftfeuchtigkeit im Terrarium zu gering war. Am ehesten ist vermutlich ein feuchtes Freiluftterrarium geeignet. Wie alle Mitglieder der Kreuzotter Gruppe ist sie sehr variabel gefärbt, besonders schön finde ich die fast schwarzen Tiere mit ziegelroter oder oranger Zeichnung.

*Wie die Iberische Kreuzotter ist auch Vipera kazna-
kovi wesentlich zierlicher wie die Kreuzotter und er-
reicht selten mehr wie 70 Zentimeter Gesamtlänge.*

*Im Gegensatz zur Kreuzotter ist der Kopf stark vom
Körper abgesetzt, der Körper wirkt aber ebenso ge-
drungen wie bei Vipera berus.*

Waldsteppenotter

Vipera (Pelias) nikolskii Grubant & Rudayeva, 1986

*Zu dieser Otter kann ich aus eigener Erfahrung
nichts schreiben. Und irgendetwas abschreiben will
ich auch nicht. Wer sich für diese Art näher interes-
siert, kann es in der Fachliteratur nachlesen.*

Die verschiedenen Typen des Freiland Terrariums

Grundsätzlich unterscheidet man das große Freilandterrarium für die ganzjährige Haltung und das Terrarium im Freien, in dem die Tiere nur während ihrer Aktivitätsperiode gepflegt werden. Die ganzjährige Haltung ist nur möglich, wenn der Bodengrund für eine Überwinterung tief genug ist.

Für welchen Typ man sich entscheidet, kommt einmal auf den vorhandenen Platz an. Nur wenn man einen wirklich optimalen Platz im Garten hat, kommt das große Freilandterrarium in Frage.

Auch beschert einem das große Freilandterrarium wesentlich mehr Arbeit bei der Pflege. Von den Kosten bei der Anlage einmal abgesehen.

Kurt Orth

Das Freilandterrarium für den Sommer

Diese Form des Freilandterrariums lässt sich am leichtesten realisieren und kommt für die meisten Halter in Betracht. Es ist genau genommen ein Terrarium, welches an geeigneter Stelle im Freien aufgestellt wird. Darin haben die Insassen Sonne und Witterungseinflüsse fast wie in der Natur.

In solchen Behältern habe ich Kreuzottern und auch andere Reptilien erfolgreich gepflegt und auch gezüchtet.

Anders wie im Zimmerterrarium ist ein ausreichend tiefer Bodengrund unabdingbar. In ihm können die Tiere Schutz vor Kälte und vor allem Hitze finden. Gerade hinter Glasflächen können leicht für die Pfleglinge schädliche bis tödliche Temperaturen auftreten.

Auf der anderen Seite lässt sich durch eine zusätzliche Wärmequelle die Aktivitätsperiode deutlich verlängern.

Das ist keineswegs ein Widerspruch zur natürlichen Haltung der Kreuzottern. In der Natur fällt in so manchem Jahr der Nachwuchs infolge ungünstiger Witterung aus. Das kann nicht Ziel der Haltung sein. Sehr oft bekommen die Kreuzottern in der Natur Probleme bei der Verdauung infolge eines plötzlichen starken Witterungsumschwunges.

Bei der Erbeutung eines Futtertieres kann die Kreuzotter nicht wissen, wie das Wetter die nächsten Tage ist. Wird es nach der Nahrungsaufnahme längere Zeit kalt, steht die Kreuzotter vor einem Problem, da sie bei zu niedriger Temperatur nicht verdauen kann. Nach meinen Beobachtungen im Freiland wird das Futtertier nach einigen Tagen wieder ausgewürgt, was durch die Magensäure, welche dadurch in die Speiseröhre kommt, zu gesundheitlichen Risiken kommen kann. Wir können nicht wissen, wie viele Kreuzottern in der Natur solchen Problemen zu Opfer fallen. Aus einer großen Freilandanlage ist mir ein Todesfall hierdurch bekannt.

Bei der Haltung im kleinen Freilandterrarium lässt sich leicht auch die Aktivitätsperiode verlängern.

Dies ist keineswegs unnatürlich sondern ein sehr großer Vorteil. Selbst in der Natur stirbt eine Anzahl von Kreuzottern während der Überwinterung. Sei es durch zu geringe Reserven infolge Nahrungsmangel im Sommer oder durch einen zu harten Winter. Nicht immer ist das aufgesuchte Winterquartier für einen sehr starken Winter ausreichend. Alle Todesursachen, die während der Winterruhe auftreten können, kennen wir nicht, da sich dieser Zeitraum in der Natur kaum überwachen lässt. Allerdings werden in der Natur auch viele überwinternde Kreuzottern von Wildschweinen und Dachsen ausgegraben und verspeist. Die Spuren davon musste ich leider bei meinen Beobachtungen im Lebensraum oft sehen.

Wenn im März die Temperaturen ansteigen, ist der Zeitpunkt gekommen, die Kreuzottern aus der Winterruhe zu holen und in das Freilandterrarium zu setzen. Hier müssen unbedingt geschützte Verstecke vorhanden sein, damit die Tiere vor plötzlichen Frostperioden Schutz finden können.

Um die natürlichen Verhältnisse auch in diesem vom Pfleger gelenkten Raum aufrecht zu erhalten, sollten die Weibchen etwa zwei Wochen nach den

Männchen aus der Winterruhe geholt werden. Die Männchen brauchen die erste Zeit im Terrarium die Möglichkeit zum ungestörten Sonnen, um die Spermatogenese anzuregen. Durch die Sonneneinstrahlung wird die Bildung von Spermatozoen angeregt, den Abschluss dieser Entwicklung bildet die erste Häutung der nun paarungsbereiten Kreuzottermännchen.

In den ersten Tagen sind die Kreuzottern genau zu beobachten, um nach der Winterruhe auftretende Krankheiten (Erkältungen, Lungenentzündung) rechtzeitig behandeln zu können.

Sollten in dem Terrarium mehr wie ein Paar Kreuzottern leben, ist die Situation die nächsten Wochen genau im Auge zu behalten. Bei mehr wie einem Männchen kommt es nach einiger Zeit unweigerlich zu Kommentkämpfen. Das kann sich die ersten Stunden anregend auf die Paarungsaktivitäten auswirken, wird jedoch nach kurzer Zeit zu stressig, da sich die Männchen in dem beengten Raum nicht aus dem Weg gehen können.

Erst einige Zeit nach erfolgten Paarungen sollte das erste Futtertier angeboten werden. Die Fütterung im Terrarium muss sehr sorgfältig geschehen, am besten werden die Tiere dazu getrennt.

Wenn zwei Kreuzottern nach einem Futtertier beißen, ist Stress vorprogrammiert. Oftmals wird in der Hitze des Gefechtes sogar eine andere Kreuzotter gebissen. Das verläuft in der Regel ohne Komplikationen, kann jedoch auch zu ernsthaften Verletzungen führen. Wenn dann noch beide Schlangen das gleiche Futtertier schlucken wollen, entsteht Stress für Tiere wie Pfleger.

Wenn für einige Zeit Regen und kühlere Temperaturen gemeldet sind, sollten die Kreuzottern nicht gefüttert werden. Immerhin brauchen sie zur Verdauung Temperaturen von über 10°C. Durch das typische Abplatten des Körpers können Kreuzottern auch schwache Wärmeeinstrahlung sehr gut aufnehmen. Bei länger anhaltendem kühlem Wetter reicht das jedoch meist nicht mehr zur Verdauung aus. Hier kann der Pfleger durch eine künstliche Wärmequelle helfend eingreifen.

Geburt und Aufzucht der Jungen

Je nach Witterung werden ungefähr drei Monate nach der Paarung die Jungen geboren.

Zur besseren Kontrolle sollten diese direkt nach der ersten Häutung aus dem Freilandterrarium entnommen werden. Nur so ist eine kontrollierte Aufzucht der kleinen Kreuzottern gewährleistet. In der Natur besteht die erste Nahrung je nach Vorkommen aus kleinen Waldeidechsen und kleinen Braunfröschen. Diese kommen bei der Terrarienhaltung natürlich nicht in Betracht. Daher müssen die kleinen Kreuzottern möglichst schnell an Babymäuse gewöhnt werden. Dabei habe ich die besten Erfahrungen mit in vier Teile zerschnittenen Babymäusen gemacht. Für die frisch geborenen Kreuzottern ist eine komplette Babymaus oft zu groß. Einmal zum Schlucken, und dann muss sie ja auch verdaut werden.

Das ganze ist eine Geduldsprobe, aber so nach und nach gehen fast alle ans Futter. Eine Zwangsfütterung, um die Kleinen schneller groß zu bekommen, lehne ich ab. Es ist doch eine ziemliche Prozedur für Schlange und Pfleger. Nach einigen Fütterungen mit

Teilen von Babymäusen sind die Kreuzottern genug gewachsen, um komplette Babymäuse zu fressen. Von nun an geht das Wachstum schnell voran. Jedoch sollte man die Kreuzottern nicht mästen. Ich habe von einigen Todesfällen durch zu reichliche Fütterung gehört. In der Natur springen denen die Futtertiere auch nicht hinterher. Eine kleine Eidechse oder ein kleiner Frosch stellen für den Organismus der Kreuzottern eine kleinere Belastung wie eine Babymaus dar.

Eine Möglichkeit die Futterverweigerer doch noch zum Fressen zu bekommen, gibt es auch noch. Im Frühjahr bei der Amphibienwanderung werden eine Menge Braunfrösche überfahren. Wenn man einige davon einfriert, hat man ein fast natürliches Futter für die kleinen Kreuzottern. In Stücke geschnitten, werden diese gerne angenommen. Diese Methode empfehle ich jedoch nur für diese Kreuzottern, welche nach drei bis vier Wochen immer noch keine Mäuseteile annehmen. Ansonsten steht man nach einiger Zeit vor dem Problem, alle Babys auf Mäuse umzustellen.

Die kleinen Kreuzottern sollten auf jeden Fall auch im Jahr der Geburt überwintert werden.

Nach meinen Erfahrungen spielt die Dauer der Winterruhe keine Rolle, zwei bis drei Wochen sollten es jedoch sein.

Dabei ist im Überwinterungsbehälter auf eine ausreichende Feuchtigkeit zu achten.

Nach der Winterruhe werden die Kleinen nicht sofort gefüttert, der Organismus muss erst in Fahrt kommen. Bei einigen der Kleinen kann der Pfleger je nach Lust einen Versuch mit der Haltung im Zimmerterrarium machen. Hier lassen sie sich wesentlich intensiver und bei jedem Wetter beobachten.

Wobei ich unter Zimmer nicht das Wohnzimmer meine. Jede Giftschlange gehört in einen abschließbaren Raum, der ohne Aufsicht des Pflegers nicht betreten werden kann.

Und das nicht nur aus Gründen der Sicherheit. Die Kreuzottern sollten den größten Teil des Tages ihre Ruhe haben. In einem Raum, wo sich dauernd jemand aufhält und bewegt, ist das nicht der Fall.

Meine zuletzt gebaute Anlage

Ein Kreuzotter Weibchen sonnt sich

Auch die Eidechsennatter fühlt sich im Freien wohl

Kurt Orth

Das große Freilandterrarium für das ganze Jahr

Im Gegensatz zum Freilandterrarium für den Sommer sind die Planung und der Bau wesentlich aufwendiger. Als erstes ist der Platz sorgfältig auszusuchen. Passanten sollten nach Möglichkeit nichts von der Anlage sehen können. Nicht alle Menschen stehen unserem Hobby aufgeschlossen gegenüber. Der viele Jahre zurückliegende Krokodil Prozess hat uns die Absurdität auch in der Rechtsprechung bei dieser Thematik gezeigt. Da werden selbst abstruse Vorurteile und Gefühle zum rechtlichen Grundsatz.

Der besagte Krokodilprozess liegt schon viele Jahre zurück. Damals gab es die fragwürdigen Gefahrtierverordnungen noch nicht. Ein Terrarianer hatte ein Haus mit Gewächshaus gebaut und sich im Vorfeld die Haltung seiner Tiere von den Behörden genehmigen lassen. Alle Vorgaben der Behörden zum Bau der Anlagen befolgte er gewissenhaft.

Eines Tages jedoch fühlten sich plötzlich einige Nachbarn „in ihren psychischen Wohnbedürfnissen beeinträchtigt". Hier hatte wohl ein Reptiliengegner fleißig intrigiert und einige Nachbarn aufgehetzt. Und tatsächlich wurde ihm von Seiten der Behörden nachträglich die Genehmigung zum Halten von Reptilien entzogen. Aufgrund ungenauer Gesetzeslage hatte er vor Gericht keine Chance.

Daher sollte die Anlage nicht zu offensichtlich zu sehen sein, ohne Kläger kein Richter.

Das hat nichts mit Geheimniskrämerei zu tun, schlafende Hunde sollte man nicht wecken. Die irrationale Angst vor Schlangen haben viele Menschen von ihren Vorfahren, den Affen übernommen. Und dagegen sind keine Aufklärung und keine Vernunft gewachsen. Ich habe selber erlebt, dass der Hass auf Schlangen auch gleich zu einem Hass auf die Halter wird. Und da wird dann intrigiert und gelogen was das Zeug hält.

Wichtig ist auch eine ausreichende Sonneneinstrahlung während des ganzen Jahres. Als Erstes geht es an das Fundament. Um den Kreuzottern das Überwintern in der Anlage zu ermöglichen, ist eine Tiefe von mindestens einem Meter notwendig. Eine Drainage zum verhindern vor Überflutung ist ebenfalls notwendig. Zum Schutz vor Unterwühlen von Ratten und Mäusen gehört auf den gesamten Boden ein haltbarer, engmaschiger Draht. Unter die Umfassungsmauer muss ein Betonfundament, um ein Absinken zu verhindern. Ansonsten können später Risse in der Mauer auftreten.

Die Mauer selbst habe ich mit Kalksandstein Lochstein geklebt. Diese ergeben eine recht glatte Fläche, an der Schlangen keinen Halt finden. Eine Höhe von einem Meter reicht für Kreuzottern. Eine höhere Mauer würde für zu große beschattete Bereiche sorgen. Wer ganz Sicher gehen will, legt oben noch Zementplatten als Überstand auf. Das ist für die Kreuzottern nicht zwingend notwendig.

Zwingend notwendig ist jedoch eine stabile Abdeckung aus Draht oder besser Metallgeflecht. Marder, Katzen, Waschbären oder große Vögel dürfen nicht in die Anlage gelangen.

Zur Überwinterung wird eine Grube von mindestens einem Meter Tiefe angelegt. Diese wird mit Ästen oder Steinen verfüllt. Um den Kreuzottern eine artgerechte Umgebung zu bieten, empfiehlt es sich, auch einen kleinen Teich anzulegen. Eine stellenweise dichte Bepflanzung mit kleinen Fichten, Heide und anderen klein bleibenden Pflanzen sorgt für Geborgenheit bei den Kreuzottern.

Kurt Orth

Meine bisherigen Erfahrungen mit Freilandterrarien

(Zum Teil schon veröffentlicht)

Meine erste Freilandanlage befand sich auf einem Flachdach und war sieben auf vier Meter groß. Die Abgrenzung bestand aus einer einen Meter hohen Mauer.

Als Bodengrund war eine Sand-Erdmischung von etwa zehn Zentimeter Höhe eingebracht. Aus Teichfolie waren zwei Wasserbecken gebildet und der gesamte Landteil mit einheimischen Pflanzen eingerichtet.

Als Unterschlupf waren Baumstubben und Rindenstücke in der Anlage verteilt. Bedingt durch den Abstand von drei Metern zum Boden war die Gefahr durch Katzen gering, und es traten keine Verluste auf. Da die Tiere meist gedeckt an Pflanzen lagen, waren sie auch durch Greifvögel nicht besonders gefährdet. Das Hauptproblem war im Herbst das Auffinden der Schlangen, da das Überwintern in dieser Anlage wegen dem zu dünnen Bodengrund nicht möglich war.

Der Futterbedarf war in etwa halb so hoch wie im Zimmer und dürfte der Nahrungsaufnahme im Biotop entsprechen. Jungtiere gab es meist jedes zweite Jahr, im Zimmer jedes Jahr.

Das Ende der Idylle kam durch unseren Umzug, und die Probleme fingen an.

Das folgende Behältnis war aus Holz gebaut, hatte vorne eine Glasscheibe und an den Seiten sowie oben Drahtgeflecht. Die Größe war 200 x 50 x 80 cm (LBH), aus Styropor war ein Unterschlupf gebaut und das ganze Terrarium war dicht bepflanzt. Die Haltung der Kreuzottern war problemlos und die Nahrungsaufnahme lag in der Menge zwischen Zimmer und Freilandhaltung, wohl als Folge der Erwärmung durch die Glasscheibe.

Das Problem stellte die Sonneneinstrahlung, verbunden mit hohen Temperaturen während der Reproduktionszeit dar, denn die Ottern konnten den hohen Temperaturen nur unzureichend ausweichen. Die frischgeborenen Schlangen wiesen Verkrümmungen der Schwanzwirbelsäule auf, die im weiteren Wachstum allerdings fast vollständig verschwanden.

Daraufhin baute ich ein Terrarium direkt auf den Boden. Die Größe war 200 x 120 x 120 cm (LBH), es war auf zwei Seiten verglast, die anderen Seiten waren mit Teichfolie bespannt.

Aus Teichfolie war ein Wasserbecken angelegt und der Boden war dicht mit Heide bepflanzt. Gegen Räuber musste ich eine Drahtabdeckung anbringen, die jedoch von Katzen und Mardern beschädigt wurde.

Bedingt durch das Fehlen einer Bodenplatte bestand immer die Gefahr, dass Mäuse die Absperrung unter wühlten. Durch die Abdeckung waren Arbeiten im Terrarium nur umständlich durchzuführen.

Meine darauf folgende Anlage war Zehn Meter lang, fünf Meter breit, und von einer einen Meter und zwanzig Zentimeter hohen Mauer umgeben. Zum Überwintern der Schlangen hatte ich eine einen Meter tiefe Grube ausgehoben, die mit Ästen,

Steinen und Erde aufgefüllt und einen Meter hoch bedeckt war.

Die Einrichtung bestand aus zwei Teichen und einem Moorteil, bepflanzt war mit Fichten, Heide und anderen einheimischen Pflanzen. Außer den Kreuzottern lebten noch Kreuzkröten, Gelbbauchunken und Sumpfschildkröten im Terrarium. Leider haben Katzen die Anlage schnell entdeckt und zwei Kreuzottern getötet. Für eine stabile Abdeckung war diese Anlage deutlich zu groß.

Nach diesen, zum Teil negativen Erfahrungen, hatte ich eine Anlage von vier auf 3,80 Meter gebaut. Diese war als Schutz vor Wachbären, Mardern und Katzen mit einem stabilen Gitter aus verzinktem Baustahl abgedeckt.

Die Mauer selbst hatte ich mit Kalksandstein Lochstein geklebt. Diese ergeben eine recht glatte Fläche, an der Schlangen keinen Halt finden. Auch in dieser Anlage hatte ich zwei Teiche angelegt, um ein natürliches Umfeld zu schaffen. Offensichtlich gefiel diese Anlage den Kreuzottern sehr. So gefräßig hatte ich diese Schlangen noch nie erlebt. So hatte ein Männchen in einem Jahr sechzehn große Gelbhalsmäuse gefressen.

Eine Steuerung der Nahrungsaufnahme ist in einer so großen und dicht bepflanzten Anlage kaum möglich.

Das Fangen der frisch geborenen Jungen stellte kein Problem dar. Offensichtlich haben diese in den ersten Tagen noch keinen sehr ausgeprägten Fluchtreflex. Ich konnte mich ihnen problemlos nähern und sie auflesen. Hierbei hat es sich als zweckmäßig erwiesen, keinen Schlangenhaken, sondern dünne Lederhandschuhe zu benutzen. Die Winzlinge reagieren bei Versuchen mit dem Haken mit schnellem Abtauchen in die Bepflanzung. Durch einen dünnen Lederhandschuh kommen die kleinen Zähnchen nicht durch. Die Kreuzotterbabys müssen gefangen werden, da eine Fütterung in so einer Anlage nicht praktikabel ist.

Bei der Überwinterung in dieser Anlage traten keine Verluste auf. Offensichtlich ist in unserem Klimabereich eine Tiefe der Grube zur Überwinterung von einem Meter ausreichend.

Eine Überraschung hatte ich bei dieser Anlage doch erlebt. Ein kleines Kreuzotter Weibchen blieb nach dem Einsetzen sechzehn Monate verschollen.

Ich musste fest von seinem Tod während der Überwinterung ausgehen. Eines Tages im Sommer habe ich sie dann ganz unerwartet wieder gesehen. Sie war gut genährt und gesund. Das beweist, dass eine vollständige Überwachung in einer solchen Anlage nicht möglich ist. Es zeigt auch, wie gut sich Kreuzottern dem Auge entziehen können.

Eine interessante Variante habe ich bei einem Freund gesehen. Er hatte einen Lichtschacht im Keller zu einem Freilandterrarium gestaltet. Darin hatte er Feuersalamander. Das war ideal, diese Lurche kommen bevorzugt bei Regen aus ihrem Versteck. Er konnte sie dann bequem vom trockenen Kellerraum aus beobachten.

Durch diese Anlage angeregt, hatte ich etwas Ähnliches vor einem Kellerfenster angelegt. Dieses Terrarium war 2,60 Meter lang und einen Meter tief. So konnte ich von meinem Hobbyraum aus die Tiere beobachten. Da es tief in der Erde lag, brauchte ich im Winter nur eine Noppenfolie darüber zu spannen. Dadurch war der Boden der Anlage frostfrei.

Die Anlage vor dem Fenster

Über den AUTOR

Kurt Orth, geboren am 21.01.1949, verheiratet seit 1974, lebt mit seiner Familie in Hessen. Bereits in seiner Kindheit liebte er Tiere über alles und verbrachte seine Zeit zum Leidwesen der Eltern vorwiegend in den Wäldern des Vogelsberges. Nach Berufsausbildungen im Bäcker- und Konditorhandwerk und später im Kaufmännischen Bereich war er seit 1993 als Systembetreuer tätig, nun genießt er seinen Ruhestand. Er hält und züchtet hobbymäßig seit über 40 Jahren Reptilien und Amphibien und schrieb darüber bereits eine ganze Anzahl Berichte in Fachzeitschriften, welche zum Teil in mehreren Sprachen veröffentlicht wurden.

In seinem ersten Buch setzte er dem unglaublichen Wiesel Susi ein Denkmal (Susi oder eine Hand voll Glück)

In seinem zweiten Buch möchte er der Natur und ihren Tieren ein bleibendes Denkmal setzen und die Erinnerung an unwiederbringlich Verlorenes wach halten. (Verlorene Vielfalt)

In seinem dritten Buch beschreibt er die größte Europäische Schlange, die Vierstreifennatter. (Die Vierstreifennatter)

Das vierte Buch behandelt die brisante Problematik mit eingeschleppten oder selbstständig eingewanderten Tier- und Pflanzenarten. (Invasion aus unserer Welt)

Das fünfte Buch handelt von seinen Reisen in die Lebensräume der Tiere (Tierisches Reisefieber).

Das sechste Buch beschreibt seine langjährigen Erfahrungen mit der Kreuzotter. (Mein Leben mit der Kreuzotter)

Das siebende Buch beschreibt die Schlangen Europas und enthält Ansätze zu ihrem Schutz (Die Schlangen Europas und ihr Schutz).

Das achte Buch behandelt die Probleme des Artenschutzes. (Artenschutz in der Sackgasse)

Das neunte Buch schildert sein Leben, welches durch seine Liebe zu den Tieren geprägt wurde. (Tiere, mein Leben)

Das zehnte Buch beschreibt die Konflikte der Jäger mit einer veränderten Gesellschaft. (Jagd mit den Augen eines Nichtjägers)

In seinem jetzigen Buch stellt er die Haltung der Kreuzotter im Freilandterrarium vor. (Die Kreuzotter im Freilandterrarium)

kurtorth@kurtorth.de,

Tel. 06405/500206, Internetseite:

kurtorth.de

Schriften

Benzmer, G. (1932): Giftige Tiere und tierische Gifte.- Kosmos, Gesellschaft der Naturfreunde.

Brodmann, P. (1987): Die Giftschlangen Europas und die Gattung Vipera in Afrika und Asien. - Bern(Kuemmerly & Frey), 148 S.

Holzberger. H. (1981): Zur Haltung der Einheimischen Kreuzotter(Vipera berus). herpetofauna, Ludwigsburg, 3(10): 6-9.

Muschketat, L&R. (1989): Erfahrungen bei der Aufzucht einer Kreuzotter (Vipera berus berus). herpetofauna, Ludwigsburg, 3 (63) 6 - 10.

Schiemenz, H. (1987): Die Kreuzotter.(Die Neue Brehm - Bücherei), 108 S.

Orth, K. (1992): Haltung und Nachzucht der Kreuzotter (Vipera b. berus). -Salamandra, Bonn, 28: 121-124.

Danksagung:

Ich danke meiner Frau Elke für die Geduld bei meinen tierischen Ambitionen sowie bei Hilfe bei der Entstehung dieses Buches.

Orth, K. (1994): Europäische Vipern im Terrarium.- Herpetofauna, Ludwigsburg, 16 (93):31.

Orth, K. (1998): 16 Jahre Haltung und Nachzucht bis zur F4 Generation von Kreuzottern (Vipera b. Berus). Herpetofauna, Ludwigsburg, 20 (113)

Orth, K. (2016): Ein Leben mit der Kreuzotter, 139 S

Orth, K. (2016): Die Schlangen Europas und ihr Schutz, 112 S

Trutnau, L. (1981): Schlangen Bt. 2, Giftschlangen. - Stuttgart (Ulmer), 200 S

Schweiger, M. (1992): Die Europäische Hornviper Vipera ammodytes (Linnaeus, 1758),Teil 2: Haltung und Zucht.- herpetofauna, Weinstadt, 14 (78): 11-16